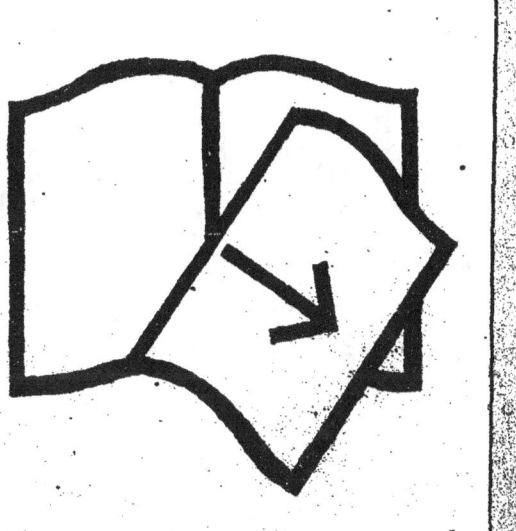

**Couverture inférieure manquante**

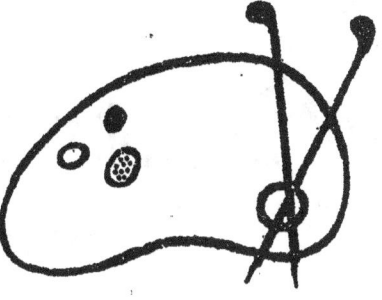

Début d'une série de documents
en couleur

# LES

# CONSTRUCTIONS DU PAPE URBAIN V

## A MONTPELLIER (1364-1370)

### D'APRÈS LES ARCHIVES SECRÈTES DU VATICAN

PAR

## EUGÈNE MÜNTZ

CONSERVATEUR DE L'ÉCOLE NATIONALE DES BEAUX-ARTS

PARIS

ERNEST LEROUX, ÉDITEUR

28, RUE BONAPARTE, 28

1890

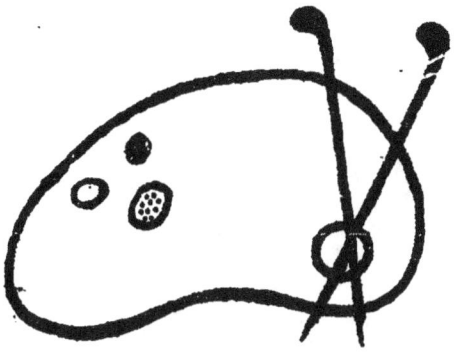

**Fin d'une série de documents**
**en couleur**

LES

# CONSTRUCTIONS DU PAPE URBAIN V

## A MONTPELLIER (1364-1370)

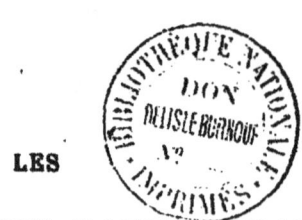

ANGERS, IMP. BURDIN ET Cᵗᵉ, RUE GARNIER, 4.

SIXIÈME CENTENAIRE DE L'UNIVERSITÉ DE MONTPELLIER

# LES
# CONSTRUCTIONS DU PAPE URBAIN V

## A MONTPELLIER (1364-1370)

### D'APRÈS LES ARCHIVES SECRÈTES DU VATICAN

PAR

## EUGÈNE MÜNTZ

CONSERVATEUR DE L'ÉCOLE NATIONALE DES BEAUX-ARTS

PARIS
ERNEST LEROUX, ÉDITEUR
28, RUE BONAPARTE, 28

1890

LES

# CONSTRUCTIONS DU PAPE URBAIN V

## A MONTPELLIER

———

Les fêtes du sixième centenaire de l'Université de Montpellier
prêtent un intérêt d'actualité tout spécial à l'histoire des monuments édifiés par les soins du pape Urbain V, qui compte parmi
les plus insignes bienfaiteurs de cette ville. Laissant de côté la
description même de ces monuments et les recherches de l'ordre
topographique, tâche dont les archéologues de Montpellier s'ac-
quitteront infiniment mieux que moi[1], je m'attacherai à mettre
au jour une série de documents tirés des Archives du Vatican.
Ces documents, dont j'ai signalé pour la première fois l'existence
il y a longtemps déjà, et dont j'ai communiqué l'année dernière
le résumé à la Société des Antiquaires[2], sont encore complète-
ment inédits ; ils nous fournissent en abondance les détails les
plus circonstanciés, et sur la marche même des travaux et sur
les artistes qui les ont exécutés. C'est un premier spicilège, que
j'espère pouvoir compléter dans la suite.

Urbain V avait longtemps habité Montpellier. Ce fut en sou-
venir de ce séjour qu'il y fit bâtir à neuf une grande église, sous
le titre de Saint-Benoît et de Saint-Germain, et à côté une maison de son ordre, pour les religieux destinés à la desservir.
« Mais sa pensée, affirme M. l'abbé Albanès, ne fut pas de fonder

1. En ce moment même, un auteur à qui nous devons un premier mémoire,
des plus érudits (L. Guiraud, *Les Fondations du Pape Urbain V à Montpellier ;
le Collège des l'ouze Médecins ou Collège de Mende ; 1369-1561*), publié à Montpellier en 1889, imprime un nouveau volume consacré aux constructions entre-
prises dans cette ville par Urbain V.
2. Voy. le *Bulletin de la Société nationale des Antiquaires de France*, 1889,
p. 84.

un simple monastère ; ce devait être en même temps un collège, où les jeunes bénédictins viendraient s'appliquer à l'étude du droit canonique ; et en le dotant de revenus pour trente-six religieux, il ordonna que vingt d'entre eux vaqueraient aux divins offices, selon le rite monastique, et que les seize derniers suivraient les cours de droit à l'Université, laissant leurs places à d'autres, quand ils auraient terminé leurs études[1].

Dès le mois de juillet 1364, il est question de l' « hedificium papæ in Montepessulano ». Ce sont des versements variant de 10 florins à 300 florins ; puis viennent des subsides plus importants, de 800 florins, de 4,800 francs, etc. (R. 309, ff. 1, 38, 46 v°, 49, 52 v°, 53, 67 ; R. 317, ff. 29, 97, etc.). Au mois de septembre 1364, « Jordanus Oliverii canonicus Rothomagensis » est « magister hospicii » et reçoit 50 florins (R. 309, fol. 28 v°). « Johannes Garrige », ou « Garrigie canonicus et collector Narbonensis », ou « nuncius in provincia Narbonensi », est placé « super hedificio » ou « ad faciendum opera in Montepessulano » (R. 317, fol. 15). Le 1 octobre a lieu « situatio primi lapidis capitis ecclesie » (R. 309, fol. 70).

Au mois de décembre de la même année, on signe un contrat « de cavandis fundamentis ecclesie », avec « Guillelmus Maura et Jacobus de Volio laboratores », à raison de 14 gros par canne, puis avec « Salvator Roque peyrerius » (R. 309, fol. 11-12).

En 1365, on relève des versements de 1,000 francs, puis de 1,300 francs, à Bernardus Franchi, de 2,700 francs au même (R. 317, ff. 100 v°, 107). Le 9 mai le pape fait payer 400 francs à « Bernardus Franchiburgensis de Montepessulano ad fieri faciendum quedam opera que idem dominus noster papa facit fieri in dicto loco de Montepessulano specialiter deputato » ; le 13 juillet suivant, 3,000 francs au même et le 20 août 760 francs, 60 « pro quodam collegio ». Le 3 novembre, 3,312 florins 12 sous sont remis « certis personis deputatis seu deputandis ad fieri faciendum opus pro quodam collegio quod idem dominus noster papa

1. *Abrégé de la vie et des miracles du bienheureux Urbain V.* Paris, 1872.

ibidem facit fieri... » (R. 302, fol. 58, 63, 65 v°, 69 v°). On peut en outre citer, pour l'année 1365, des versements de 300 francs, de 760 florins, de 3,091 florins, 17 sous, de 3,312 florins, 13 sous, de 1,318 florins (R. 317, fol. 114 v°, 118, 119; R. 318, fol. 79, etc.).

Le 24 septembre, « Bernardus de S. Stephano » reçoit 500 florins de la Chambre « pro fustis collegii Montispessulani » (R. 317, fol. 151 v°). Le 29 novembre : 750 florins sont versés entre les mains de « Michael Liabonis [1] pro fustis collegii » (R. 314, fol. 72; R. 318, fol. 80 v°).

En 1366 les subsides sont de 740 nobles de Gênes, de 280 francs, de 3,006 florins, de 100 florins, de 600 francs, de 623 florins de la Chambre, de 2,000 florins, de 1,186 florins, de 1,550 florins, de 2,911 florins et 8 sous, de 3,500 florins, de 1,995 florins, 26 sous, de 1,623 francs, 24 sous, etc. (R. 318, ff. 84 v°, 90 v°, 92, 97 v°, 98, 100, 102, 103 v°, 105, 106 v°; R. 319, f. 49, 59, etc.; R. 321, fol. 66; R. 324, fol. 8, 9 v°). Voici quelques détails sur ces dépenses : le 24 mars, « Bernardo Regis [2] pro fustis collegii Montispessulani » 282 fl. Cam. (R. 318, fol. 89 v°). Le 22 mai. « Michaeli Liabonis pro fustis conventus Montispessulani 150 fl. Cam. » (R. 318, fol. 93 v°). Le 13 juin « Bernardo de Manso et Stephano Bonandi fusterio pro fustis chori collegii in Montepessulano, 357 flor. 18 s. » (R. 318, fol. 95). Le 13 août, « Michael Liabonis pro provisione fustorum, 600 flor. Cam. » (R. 318, fol. 100). Le 13 août, 100 francs à « Raymundus Regardi missus cum gentibus super opere in Montepessulano (Ibid.). « Raymundus Mathei notarius » reçoit de son côté 28 florins de la Chambre « pro instrumentis de contractibus factis pro operibus Montispessulani » (septembre 1366; R. 318, fol. 103.)

1. Il est question, en 1422, d'un Michel Liabon, « unicus collegiatus honorabilis collegii dominorum medicorum » de Montpellier (L. Guiraud, *Les Fondations du Pape Urbain V; le Collège des Douze Médecins ou Collège de Mende* (1369-1561), p. 24.

2. Un « Johannes Regis » figure en 1372 à côté de Bernardus de Manso comme directeur de la construction des remparts d'Avignon. Voy. mon *Histoire des Arts dans la ville d'Avignon*, p. 49.

Le 27 novembre on paie « Colino Bertrandi pro lignis ad opus hedificii Montespessulani..... » 200 francs (R. 319, fol. 50), et le 30 novembre « Michaeli Liabonis pro fustis conventus Montispessulani » 133 fl., 17 sol. (*Ibid.*, fol. 52 v°).

En 1366, 7 florins 12 sous « magistris Philippo Fermini, Guillelmo Bambini et Symoni Boce pro videndo crotas[1] operis conventus Montispessulani. » (R. 348, fol. 105).

Voici, à titre de curiosité, le détail du payement effectué entre les mains de Bernard de Manse et d'Étienne Bonald pour les madriers destinés au chœur du couvent :

1366, 13 juin. « Eadem die computaverunt dominus Bernardus de Manso, sacrista ecclesie Sancti Desiderii Avinione et Stephanus Bonandi fusterius domini nostri pape de receptis et expensis per eos [factis] pro fustis emptis pro collegio quod dominus noster fieri facit in Montepessulano, prout sequitur. Primo dixerunt se emisse a magistro Petro Ayraudi fusterio nonaginta duas cannas fuste de nuce latitudinis duorum palmorum et spicitudinis medii palmi pro copderiis (?) cori faciendis, quam fustam nobis assignavit ad portum Rodani precio LXXXVI florenorum. Item dixerunt se emisse die XI mensis februarii a magistro Arnaudo Bruni fusterio de Montedracone, LXVI cannas de nuce pro faciendo interclusa dicti chori. Item LXXX cannas postium fuste etiam de nuce pro faciendo majores popeyas (?) ipsius chori et quatuor alias petias similis fuste pro faciendo minores popeyas de introitibus dicti chori, in summa CLII flor., V s.

« Item dixerunt se expendisse per tres dies quibus fuerunt in locis predictis pro dicta fusta emenda una cum duobus famulis et duobus equis, quatuor flor., X gross. Item pro loquerio dictorum duorum equorum II flor. Item pro stipendiis dicti fusterii I flor. et pro famulo suo XVIII s. Item pro famulo dicti domini Bernardi pro labore suo XII s. Item dixerunt se solvisse Pontio nauterio pro portu unius navate dicte fuste continentis CXLV quint., conducte de portu Sancti Saturnini apud Avin. pro pretio facto

1. « Crota » = crypte, sous-sol (Ducange).

xv flor. Item pro extrahendo dictam fustam navigio et portando ad apothecam, vii libr., iiii s. Item pro loquerio unius quadrige que portabat fustas de Montedracone usque portum Rodani per xi dies, viii flor., iii grossis. Item Arnoldo Bruni qui custodivit dictas fustas per xi dies, ii flor., x gross. Item Jacobo Robandi nauterio pro portu alterius navate continente iiie quint. ix flor. Item pro portu dicte fuste ad apothecam ii flor., iii gross., xii d. Item magistro Stephano Bonandi pro x dietis quibus cum dicta fusta stetit pro qualibet dieta viii s. Idem pro loquerio unius roncini per dictas x dietas, ii flor., vi gross. Item pro expensis ipsius magistri Stephani, unius equi et unius famuli per dictas x dies, viii flor. Item dicto magistro Stephano pro lxv cannis de fusta de nuce pro qualibet canna xii s., xxx.i flor., vi gross. Item eidem pro xxviii cannis similis fuste xvi flor., iii gross. Summa universalis omnium expensarum predictarum est, ad flor. Camere reducta et fuerunt eisdem soluti, singulis florenis pro xxvi s. computatis, iiiᶜlvii flor. fort. ad grayletum, xviii » (R: 302, fol. 89).

Cependant le pape se préparait à visiter Montpellier, à se rendre compte par lui-même de l'état des travaux et à donner à ses créations une autorité toute spéciale au moyen d'une inauguration solennelle.

Dès le mois de novembre 1366 « dominus Alondinus Falqui canonicus Regen. » reçoit 200 francs « pro reparationibus in hospicio Montispessulani, in quo dⁿs papa inhabitabit (R. 319, fol. 50). Le 4 janvier 1367, le même personnage, qualifié de « Londinus Falqui » reçoit 91 florins et 121 francs « pro operibus et reparationibus in domibus in Montepessulano, in quibus papa debet habitare (Ibid., fol. 63. Cf. R. 321, fol. 102). Puis on débourse 13 francs 12 sous « pro portu capsarum ad opus construotionis altaris S. Benedicti Montispessulani. » Le 28 février enfin, 185 florins, 15 sous à « Alondinus Falqui pro rebus factis fieri pro consecratione altaris monasterii S. Benedicti » (R. 319, ff. 88 vᵒ, 91).

Les décorateurs de leur côté se mettent à l'œuvre. Le 23 décembre 1366, Simonetus de Columba d'Avignon, que l'on rencontre également sous l'antipape Clément VII, peint les clefs de l'Église sur le couvent édifié par Urbain V (R. 321, fol. 69 v°; R. 319, fol. 59. Cf. R. 320, fol. 50 v°). L'année suivante il reçoit à titre d'aumône 6 florins : 1367, 11 mai. « Die xi maii soluti fuerunt de mandato domini nostri pape Symoneto de Columba pictori, causa helemosine sibi facte per eundem dominum papam, ipso manualiter recipiente cum cedula missa de Massilia, VI flor. [1] » (R. 327, fol. 3).

Parmi les acomptes versés en 1367, les suivants méritent d'être signalés : 2,970 florins, 1,300 francs et 11 sous, 1,300 francs et 12 sous, 1,274 francs et 779 florins, 2,192 florins, 8 sous, 1,000 francs, 1,500 francs, 1,200 florins, 2,000 francs, 6,600 florins de France, 400 florins et 1,093 francs, 3,293 florins et 7 sous, 4,000 florins, 3,256 florins, 22 sous (R. 319, ff. 66, 68, 69 v°, 72, 75 v°, 77 v°, 95 v°, 97; R. 321, fol. 84, 108, 160, etc.; R. 322, fol. 52 v°, 56 v°, etc.).

Le 26 février 1367 on dépense d'un coup 1,361 florins de France pour l'expropriation des maisons nécessaires à l'agrandissement du couvent de Saint-Benoît; « pro hospiciis dirutis et diruendis domino nostro pape venditis pro faciendo plateam juxta monasterium quod dominus papa ibi facit fieri » (R. 321, fol. 102; R. 319, ff. 89, v°, 92 v°). Le document contient les noms des personnes expropriées.

---

1. « Postea vero circa principium anni MCCCLXVII, ivit ad Montempessulanum caussa videndi et visitandi monasterium, quod in honore sanctorum Benedicti et Germani a solo suis magnis sumptibus ædifica, erat, et solemniter dotaverat pro sustentatione certi et notabilis numeri monachorum jam per eum ibidem instituti et ordinati, partim ut divinis insistant officiis, et partim ut literarum studiis vacent, pariter et intendant. Ipse enim tunc in propria altare majus hujus monasterii consecravit, ac magnis privilegiis decoravit, et multis reliquiis, ornamentis et jocalibus pretiosis adornavit. » (Baluze, t. I, p. 374. Cf. p. 406. V. Marini, Archiatri pontificj, t. I, p. 83 et les Archives secrètes du Vatican, vol. 460; Severino Ferlone, De' Viaggi da' Sommi Pontefici intrapresi; Venise, 1783, p. 219.) Ce séjour dura du 9 janvier au 8 mars 1367 (L. Guiraud, Le Collège des Douze Médecins, p. 1).

Les travaux se poursuivirent avec activité pendant toute l'année 1367.

Le 21 février 1367 un certain « Berengarius Hulardi mercator », de Narbonne, reçoit 100 francs, « pro certis lapidibus marmoreis pro columpnis faciendis in monasterio quod dominus papa in dicto loco Montispessulani facit fieri » (R. 321, fol. 101 ; R. 319, fol. 88).

Pendant l'année 1368, les subsides affluent avec la même abondance que par le passé : ce sont des acomptes de 2,000 francs, de 1,247 florins et 19 sous, de 1,078 florins, de 995 francs et 10 sous, de 100 francs, de 1,966 florins et 22 sous, de 6,724 florins, de 2,098 florins, de 2,000 francs, de 1,000 francs, de 4,113 francs, 6 gros, etc. (R. 322, ff. 58 v°, 59 v°, 60, 62, 63 v°, 64, 65, 67 v°, 115, etc.).

En 1369, par contre, on ne trouve plus que de rares versements, par exemple un de 2,000 francs le 14 mars (R. 322, fol. 161).

Le 9 janvier « Johannes de Casanova et Guillelmus Peletrus lapicida de Montepessulano » reçoivent un paiement « de opere per eos facto in edificiis monasterii Sancti Benedicti » (R. 327, fol. 85 v°). A la même date, « Johannes Divitishominis » reçoit 2 florins « pro opere in infirmeria collegii Montispessulani » (R. 322, fol. 15).

Le 22 juin suivant, autre payement effectué entre les mains de « Petrus Copiati veyrerius qui operatur in opere monasterii Sancti Benedicti » (Ibid., fol. 95 v°). Cette même année, Urbain V promulgue la bulle de la fondation du collège des Médecins ou collège de Mende (Viterbe, 25 septembre 1369) ; ce document abonde en témoignages du culte professé par le pape pour les études, non moins qu'en images poétiques. Après avoir rappelé que l'Église a pour devoir d'encourager « studia litterarum », il appelle Montpellier « amœnum scienciarum pomarium » et institue le collège des douze « scolares » de la Faculté de médecine [1].

Enfin, en 1370, le trésorier pontifical fait remettre à « Bernar-

1. Voy. L. Guiraud, les Fondations, p. 57-59.

dus de Galhaco civis Montispessulani » 800 francs « quos idem
Bernardus tradere et assignare debet Appardo Alamanni pro
operibus Montispessulani » (R. 333, fol. 82 v°).

On voit par ces quelques chiffres que la biographie publiée par
Baluze[1] est restée infiniment au-dessous de la réalité en évaluant
à 7,000 francs la dépense occasionnée par les constructions de
Montpellier; c'est certainement 70,000 qu'il faut lire.

Les travaux avaient été menés avec une extrême célérité,
comme d'ailleurs tous ceux qu'entreprirent les papes d'Avignon :
jamais souverains en effet ne disposèrent de ressources finan-
cières pareilles.

Urbain V marqua publiquement sa satisfaction dans un bref
adressé à Gaucelin de Deaux, évêque de Maguelone, sous la
date du 3 août 1368 : « Intellexi quod ecclesia dicti prioratus est
pulcritudine mirabili decorata, et dubito quod decorem pariat,
si aliquid faciam infra ipsam, nisi sit tam nobile et tam pulcrum
quod respondeat ecclesie[2]. »

Après cet aperçu sur les dépenses occasionnées par les constructions, essayons de déterminer la part prise aux travaux par les
différents artistes, — maîtres d'œuvre, maçons, charpentiers,
tailleurs de pierres, — honorés de la confiance du pape.

Selon toute vraisemblance, les plans avaient été élaborés à
Avignon sous la direction des architectes du Palais d'Avignon.
Nous voyons en effet que le 12 novembre 1365, Bernard de
Manso reçut 1,318 florins « assignandos ei pro operibus in Mon-

1. « Urbanus V, monachus, felicis recordationis et bonæ memoriæ, multa con-
struxit pro Ecclesia et Ordine Sanctissimi Benedicti, et pulcherrimam domum
et Ecclesiam et Monasterium in Montepessulano fieri fecit. Et audivi ab eis, qui
dicti operis faciendi erant commissarii deputati, quod in septem millia francorum
et ultra in opere illo expensa fuerant cum dependentibus subsequutis. Et de
maximis donis et jocalibus ditavit dictum locum, et de reliquiis pretiosis. Ubi
constituit perpetuo Monasterium Monachorum studentium et claustralium. Et
dicebatur, quod si diu vixisset, Episcopatum vel Abbatiam erexisset. » (Vitæ
Paparum Avenionensium, t. I, p. 415. — Cf. Muratori, Rerum Italic. Script.,
t. III, 2e partie, p. 643-644.)

2. L. Guiraud, Les Fondations du pape Urbain V à Montpellier, t. II,
p. 213-215.

tepessulano » (R. 318, fol. 79. Cf. fol. 81 v°). Le 2 décembre 1365, 470 florins « pro operibus collegii ».

Le 3 avril 1365 on lui paie 12 livres « pro pertracta portaliorum ecclesie Montispessulani (R. 317, fol. 100). Le 13 juin 1366, « dominus Bernardus de Manso, sacrista ecclesiæ Sancti Desiderii Avinione » et « Stephanus Bonandi fusterius domini nostri papæ » achètent du bois de noyer pour le chœur de l'église. Le mémoire de leurs dépenses, mémoire que nous avons publié ci-dessus, entre dans les détails les plus circonstanciés sur les prix d'achat et de transport des madriers. Nous y voyons que Stephanus recevait une indemnité de 8 sous par jour.

Un peu plus tard, en 1367, un autre architecte du Palais pontifical d'Avignon, Bertrand Nogayrol, expédie à Montpellier une somme destinée aux sièges du chœur du couvent de Saint-Benoît (R. 321, fol. 93).

A la même époque un troisième architecte, également attaché au Palais d'Avignon, Alricus Cluselli, reçoit 7 florins, pour les dépenses du couvent, puis 100 florins « causa veniendi apud Montempessulanum et pro portis et cancellis monasterii » (R. 321, fol. 85 v°, 97, 103).

Comme « peirerii » ou « peyrerii » c'est-à-dire comme carriers ou maçons[1], nous rencontrons « Jacobus Bernardi, peyrerius » qui répare « foramen juxta portale Carmelitarum » (R. 309, fol. 67), « Johannes Divitishominis [Jean Richomme], Guillelmus Lambrini », (R. 322) « Philippus Paiolis peyrerius Montispessulani » (R. 309, fol. 70), « Arnaudus Benedicti » (R. 309, fol. 72 v°), etc., etc.

Le chef des « peyrerii » s'appelait Guillaume Combas. Le 16 juin 1364 on envoie « G. de Verduno cum uno ronsino apud Villamfrancham pro adducendo magistrum Guillelmum Cumbas lapicidam dicti loci pro regendo hedificium » (R. 307, fol. 67). Le 8 juillet, il est question d'un rapport fait par lui; de même le

---

1. Ducange traduit « peirerius » par « latomus » ou « lapicida ». Mais nos documents distinguent les « peirerii » d'avec les « lapicidæ ».

18 novembre. Le 17 septembre, cet artiste, qualifié de « magister Guillelmus Cumbas peyrerius de Villafranca », reçoit 28 florins, 6 gros « pro suis operibus » (R. 309, fol. 26 v°). Au mois de juillet, au même, 8 sous « pro mensurando ubi proponebatur ecclesia hedificari » (R. 309, fol. 67. Cf. fol. 69). Ailleurs, on vérifie les comptes « ad relationem magistri G. Cumbas » (R. 309, fol. 72 v°).

Le 21 septembre 1366, « Guillelmus Combas magister operum in Montepessulano, « reçoit 20 florins « pro dono » (R. 318, fol. 103).

Parmi les fustiers, le premier rang revient à maître Étienne Bonand ou Bonald. Le 28 février 1366 « magister Stephanus Bonandi [alias Bonaldi] » touche 350 florins « pro operibus chori conventus Montispessulani ». Le 31 mars 1367 « magister Stephanus Bonandi fusterius domini nostri pape » reçoit 400 florins de la Chambre à compte « pro operibus chori conventus monasterii Sancti Benedicti ». A la même époque, il remplit les fonctions de « ratificator » des dépenses. Le 27 novembre 1368 « magister Stephanus Bonandi fusterius de Avinione » reçoit 68 francs, 11 sous pour les travaux exécutés par lui « in choro ecclesie monasterii Sancti Benedicti Mortispessulani » (R. 318, fol. 87 ; R. 319, fol. 78 ; R. 321, fol. 84 v°, 90 v°; R. 327, fol. 82. Cf. R. 300, fol. 31 v°).

En 1368 « Petrus Vitalis » est « magister fusterius operis S. Benedicti » (R. 322, fol. 144).

Je citerai encore comme fustiers « Johannes Coste, Bernardus Terre » (R. 309, fol. 67 v°, 69), « Johannes de Ulmo » et « Jacobus Aufras » (R. 322, fol. 75, 114 v°). Comme « veyrerius » [1], nous rencontrons le nom de « Petrus Copiati » qui, en 1369, « operatur in opere monasterii Sancti Benedicti de Montepessulano » (R. 329, fol. 95 v°).

Parmi les tailleurs de pierres (« lapicidæ »), on relève le nom de « Johannes Cumbas, lapicida Ruthenensis » (1364, R. 309, fol. 26, 69). Maître « Pontius Augerii lapicida » semble avoir

---

1. Ducange : «qui vasa vitrea vendit.» En réalité, ce terme s'applique aux vitriers et aux peintres sur verre aussi bien qu'aux fabricants de verre.

joué un rôle prépondérant. Il était en 1368 un des « magistri operis pignaculorum » de l'église. A la même époque, on le fit venir à Avignon pour informer le trésorier de l'état des travaux (R. 322, fol. 69). Je citerai en outre : « Arnoldus Coste, lapicida, Johannes Pinhati, Johannes Pascalis, Johannes Ucas, lapicidæ, Johannes Casanova, Guillelmus Peletrus ».

Le pape ne se contentait pas de faire construire une église, des couvents, des écoles : il s'occupait en même temps de les faire décorer, meubler, garnir de tous les ornements ou de tous les instruments de travail nécessaires. C'est ainsi que le 26 février 1367 il acheta des ouvrages de médecine pour onze étudiants qu'il entretenait « in studio in arte medicinæ » (R. 321, fol. 102).

Une certaine quantité d'œuvres d'art furent exécutées à Avignon et envoyées à Montpellier à grands renforts d'attelages. Parmi elles se trouvaient des toiles peintes, au nombre de 66, représentant la *Vie de saint Benoît*, et exécutées par le peintre attitré de la cour d'Avignon, Matteo (di Giovanotto de Viterbe). Il s'agissait d'un ouvrage d'une rare richesse, pour lequel on avait employé 1,760 feuilles d'or et qui coûta la somme respectable de 226 livres, 13 deniers : 1367, 28 février. « Die ultima dicti mensis februarii, facto computo cum domino Bertrando Nogayroli directore operum domini nostri pape, de expensis per ipsum factis et solutis dicto mense pro salario certorum pictorum qui vitam sancti Benedicti depingunt coloribus diversis et auro posito in ipsis picturis necnon pro certis operibus et salario operariorum factis et solutis tam in dicto palacio quam viridariis ipsius, repertum est sibi deberi, prout in quodam computo per ipsum reddito in magno libro descripto plenius continetur, mᶜlxvi lib., i s., xi d., monete Avinionensis, que summa fuit sibi soluta quolibet floreno pro xxiiii s. computato ipso manualiter recipiente in mᶜ v floren. ad grayletum, s., xi d. » (R. 321, fol. 82 vᵒ. Cf. R. 319, fol. 66 vᵒ, 70 vᵒ, 109).

1367, 30 avril. « Die eadem facto computo cum domino Ber-

trando Nogayroli directore operum domini nostri pape pro sala-
riis domini Mathei pictoris et plurium aliorum vitam sancti
Benedicti depingentium in pannis lineis pro certis dietis ipsorum
et pro xvii°lx peciis auri verberati, viii° et l foliis stagni subtilis
pro dictis picturis, taulamentis, paneriis, fusteriis, caxis, factis
magnis pannis depictis, clavis diversarum formarum et pluribus
aliis per ipsum factis fieri isto mense et solutis, repertum est sibi
deberi, prout in quodam computo per ipsum reddito in magno
libro descripto latius continetur, ii°xxvi lib., xiii den. et fuit sibi
solutum, quolibet floreno pro xxiiii s. computato, ipso recipiente
manualiter, in clxxxviii flor. ad grayletum, ix s., 1 d. » (R. 321,
fol. 119).

1367, 31 mai. « Die eadem soluti fuerunt eidem Thomassio
cum cedula missa de Massilia pro loquerio unius cadrige cum
duobus equis loquatis per eum de mandato domini thesaurarii
cum duobus hominibus qui conduxerunt die xxvii aprilis proxime
preteriti de Avinione apud Montempessulanum lvi pecias panni
linei pictas continentes vitam beati Benedicti ac pro ii equis
quos de dicto mandato tradidit in Avinione domino Matheo
Johaneti qui dictos pannos pinxit pro ecclesia Sancti Benedicti
paranda ab infra in Montepessulano x flor. et pro loquerio unius
famuli et expensis unius famuli qui fecit portare apud Massi-
liam de Avinione vii libros receptorum et expensarum Camere
apostolice de toto tempore domini nostri pape Urbani V, qui
fuerunt portati de mandato domini nostri pape pro usu thesau-
rarie ipsius, v flor. summa pro toto, ipso Thomassio manualiter
recipiente, xv flor., valent quolibet pro xxiiii s. et quolibet francho
pro xxix s. computato, xii franch. boni ponderis, xii s. » (R. n° 321,
fol. 127. Répété fol. 136).

L'église, nous apprend M. l'abbé Albanès, fut pourvue de
tous les objets nécessaires au culte : calices, croix, encensoirs,
livres, ornements; rien ne lui manqua, grâce au généreux fon-
dateur. Pour la rendre plus vénérable, et exciter davantage la
dévotion des fidèles, Urbain V envoya chercher une portion

notable des reliques de saint Benoît et de saint Germain, qu'il déposa dans deux reliquaires de grand prix. Il donna un grand nombre d'autres reliques, entre autres la tête de saint Blaise, et une belle statue d'argent de la Très-Sainte Vierge, du poids de 350 marcs. Toutes ces richesses furent portées processionnellement à Montpellier en 1367, avec un cortège de nombreux prélats, en présence du pape, qui était allé lui-même inaugurer son œuvre, avant de partir pour Rome [1].

C'est à ces reliques que se rapportent les documents analysés ci-après.

1366, 24 septembre. « Eadem die computavit dictus Johannes Baroncelli de hiis per eum expensis que sequuntur, videlicet pro uno pectorali, pro pluviali cum lapidibus et perlis et pro xx marchis argenti positis in capite sancti Blasii, et pro capite sancti Germani ponderis cu marcharum, ix denariorum argenti deaurati, pro qualibet marcha xi flor. de camera, et pro xxii cannis parature Romane posite in certis casubus et ligatura predictorum, que omnia fuerunt facta predicto monasterio quod dominus noster papa facit fieri in Montepessulano ad relationem prefati domini Bernardi de Sancto Stephano, ipso manualiter recipiente, mmrcxlvii flor. Cam., xix solid. » (R. 302, fol. 99).

1366, 24 septembre. « Die xxiiii dicti mensis computavit Johannes Baroncelli, serviens armorum domini nostri pape, de hiis que sequntur per eum expensis, videlicet pro uno retabulo altaris sanctorum Benedicti et Germani de argento deaurato esmalato, pro monasterio quod idem dominus noster papa facit fieri in Montepessulano, ponderis n°xxii marcharum, ii unciarum, xiii denariorum argenti, valent ad rationem x florenorum ponderis Camere pro qualibet marcha, prout dominus Bernardus de Sancto Stephano, cubicularius ipsius domini nostri pape, retulit viva voce, ipso manualiter recipiente, ii^m ii°xxiii flor. Camere » (R. 302, fol. 99).

1366, 24 septembre. « Johanni Baroncelli pro retabulo de altare

1. Ouvrage cité, p. 56.

SS. Benedicti et Germani de argento deaurato facto in Montepessulano 2223 flor. — Item pro pluviali et capite S. Germani et aliis, 1347 fl. Cam. » (R. 318, fol. 103 v°).

1366, 31 octobre. « Die ultima mensis octobris soluti fuerunt de mandato domini nostri pape Johanni Baroncelli servienti armorum domini nostri pape campsori pro xviii balassiis ponderantibus lxxxii caract. cum dimidio, ad rationem ii florenorum Camere pro quolibet caracto, valent clxv flor. Item pro xlii saphiris ad rationem iiii florenorum pro quolibet, valent clxvii flor. Item pro uno robino xxv flor., que omnia supradicta posita fuerunt in capite sancti Benedicti conventus quem facit fieri dominus noster papa in Montepessulano. Item pro quodam saphiro dato per dominum nostrum papam domino cardinali Avinion. et pro alio saphiro etiam dato per ipsum dominum nostrum papam domino cardinali Massiliensi in nova creatione ipsorum dominorum cardinalium, ad relationem domini Bernardi de Sancto Stephano, cubicularii dicti domini pape, lx flor., summa omnium premissorum soluta pro premissis dicto Johanni Baroncellii ipso manualiter recipiente, iiii°xviii flor. Cam. » (R. fol., 102 v°).

Le 15 janvier 1367, Johannes Baroncelli, sergent d'armes et changeur, touche le prix d'un calice d'or destiné à Montpellier; le 20 février, il reçoit 1,500 florins de la Chambre pour prix du chef d'argent de saint Benoît, destiné au couvent (R. 321, ff. 77, 81. Cf. R. 319, fol. 69 v°, où il est question de 2,223 florins, 2 sous). Le 3 mai de la même année le transport d'un retable d'argent d'Avignon à Montpellier exige la dépense énorme de 59 florins de France, 12 sous : « Domino Johanni Garrigie canonico Narbonensi... pro expensis factis per dominum Bernardum de Sancto Stephano domini nostri pape cubicularium cum certis hominibus qui iverunt apud Montempessulanum dum portatum fuit retrotabulum argenti de Avinione usque ad dictum locum Montispessulani et pro loquerio certarum bercharum pro dicto retrotabulo deportando per aquam loquatarum » (R. 321, fol. 122).

1367, 25 février. « Die xxv. februarii soluti fuerunt de mandato domini nostri pape Johanni Borrocelli (*sic*), campsori de Florencia, sequenti Romanam curiam, ac servienti armorum ipsius domini nostri pape, pro argento et factura u?:ins retrotabuli argenti, per eum factum fieri de mandato domini nostri pape, ponderis III$^e$XVI march. et III unc. argenti, ad pondus curie Romane, et ad racionem XI floren. ponderis Camere pro qualibet marcha, III$^m$V$^e$LXXIX floren. et III solid. monete Avinion., et pro una tabula fustea supra quam est situatum retrotabulum argenti XVI flor. Camere et XVI solid. et pro expensis factis pro portando dictum retrotabulum apud Montempessulanum ubi fuit portatum et in altari majori ecclesie quam fecit ibi construi dictus dominus noster papa assignatum et situatum, XV floren., prout in quadam cedula in magno libro descripto particulariter continetur, ascendunt, ipso Johanne Barrocelli (*sic*) manualiter recipienti, inclusis in infrascripta summa III$^m$VI$^e$ flor. sibi mutuatis die XX presentis mensis februarii, III$^m$VI$^e$X flor. Cam., XIX sol. mon. Avin. » (R. 319, fol. 70; R. 321, fol. 84 v°).

Le chef de saint Benoît exécuté par Johannes Baroncelli pesait, avec le pectoral, le diadème, etc. 172 marcs, 2 onces, et le chef de saint Blaise, exécuté par Marchus Landi pour les consuls de Montpellier, pesait, avec la mitre, etc. 117 marcs, 6 onces (1367, R. 319, fol. 172 v°).

Les stalles du chœur furent également exécutées à Avignon : 1367, 13 mars. « Bernardo Regis naucherio habitatori Avinionensi pro portu chori seu sedilium monasterii quod dominus papa in Montepessulano facit edificari et XIII peciarum de quercu de Avinione usque ad portum delatis per Rodanum..... flor. 100 » (R. 321, fol. 84 v°. Cf. R. 319, fol. 73).

Pour les broderies du couvent, le pape s'adressa aux frères « Guillelmus et Bernardus de Frezenchiis ». Ces artistes reçurent le 17 mars 1367, 328 florins « de certis vestimentis aurifrisiis cum ymaginibus integris et tabernaculis et pro syndonibus croceis diversorum colorum et certis aliis per ipsos factis et emptis pro monasterio Sancti Benedicti » (R. 321, fol. 85 v°).

D'autres broderies furent commandées à Florence.

1367, 18 juin. « Die eadem soluti fuerunt societati Albertorum de Florencia in Avinione cum cedula domini pro XII corporalibus sive custodiis corporalium, ad rationem pro quolibet V flor. de Camera, LXX flor., pro uno aurifrisio XXII flor., pro II aliis aurifrisiis parvis XX flor., pro II coloretis auri, VI flor., pro quatuor peciis de camocato factis Veneciis cum figuris et frondibus operatis CLXXX flor. Item pro uno alio nobiliori aurifrisio flor. XXX, que omnia fecerunt portare de Florentia, et fuerunt facta et missa apud Montempessulanum ad servicium ecclesie et monasterii Sancti Benedicti, et est summa omnium, recipiente pro eis Nicolao de Perussis, factore et procuratore dicte societatis, manualiter, III°XVIII flor. Camere » (R. 321, fol. 141).

En 1365 et en 1367 des sommes importantes furent payées pour les cloches du couvent : 300 francs à « Guillelmus de Valleluposa » (alias : Vallisflaboze, Volhabosa), citoyen de Montpellier, puis 600 francs, puis 266 francs, 18 sous (R. 321, ff. 96, 145 v°; R. 319, fol. 82 v°, 83, 92 v°; R. 318, fol. 102 v°). Cet industriel, qualifié de « mercator », vend en même temps du cuivre et de l'étain « pro magnis et parvis ollis faciendis in conventu monasterii Sancti Benedicti ». Quant aux fondeurs, ils s'appelaient « Deodatus Busqueti de Ruthena et Aymonetus Floreti de Lausana, magistri campanarum » (R. 321, fol. 105; R. 317, fol. 101. Cf. R. 319, fol. 94; et R. 317, fol. 116).

En 1367 toujours, un peintre fixé à Montpellier, dont le nom n'est pas prononcé, reçoit 10 francs à titre de cadeau : « cuidam pictori de Montepessulano qui pinxit facies ymaginum retabuli altaris Sancti Benedicti dicti loci Montispessulani et [pro] duobus platellis et uno vase depictis deauratis de corio pro speciebus per ipsum pictorem datis eidem domino nostro pape in dicto loco » (R. 321, fol. 87 v°. Cf. R. 319, fol. 76). Un autre document nous apprend que ce peintre s'appelait « Jacobus de Vercellis » : 1367, 19 novembre « Jacobo de Vercellis[1] pictori pro coloribus

1. Ce nom est orthographié de diverses façons : de Barsello, etc. (R. 318, fol. 102).

et picturis in retrotabulo ad opus altariorum (*sic*) dicti monasterii, 20 fl. de gr. » (R. 322, fol. 53 v°). Le 16 juin 1368 « Jacobus dictus Rossetus de Vercellis, pictor operis Montispessulani » reçoit 8 francs « pro coloribus auri, argenti, asuri » (R. 322, fol. 73).

Je rapporterai, pour terminer, quelques mandats de paiement relatifs à la bibliothèque fondée à l'Université de Montpellier par son généreux protecteur :

1366, 21 décembre. « Die xxi dicti mensis soluti fuerunt de mandato domini nostri pape magistro Raymundo Salaironis, medico dicti domini nostri pape[1], pro certis libris medicine quos de dicto mandato emit pro studentibus quos idem dominus noster papa tenet in Montepessulano in medicina studentibus, Poncio de Malobosco ipsius magistri Raymundi pro ipso manualiter recipiente, xvi flor. ad grayletum » (R. 321, fol. 68).

1369, 19 juillet. « Die xix julii dominus Bertrandus de Rauco, precentor monasterii Sancti Egidii ordinis Sancti Benedicti Nemausensis diocesis, procurator, ut dicebat, domini Guillelmi de Mederio abbatis et conventus dicti monasterii, vendidit nomine procuratorio quo supra domino Bertrando Raffini licentiato in decretis Ruthen. diocesis, ementi de mandato domini thesaurarii, pro libraria monasterii seu conventus monasterii Sancti Benedicti Montispessulani, Magalonensis diocesis, libros infrascriptos, videlicet : *Novellam Johannis Andree super decretalibus*, in duobus voluminibus, precio lx florenorum, quorum primum volumen incipit in secundo folio *Prosequitur* et finit in penultimo folio *gof*, et secundum volumen incipit in secundo folio *De regularibus* et finit in penultimo folio *hetur*. Item *Lecturam hest* in duobus voluminibus precio xx florenorum, quorum primum volumen incipit in secundo folio *Statuta* et finit in penultimo folio *Et de*. Et secundum volumen incipit in secundo folio *Aprobatur* et finit in penultimo folio *Gladio*. Pro quibus libris per dictum procuratorem assignatis fuerunt soluti octuaginta floreni, ipso

1. Voy. sur ce personnage, Marini, *Degli Archiatri pontificj*, tome I, p. 82-86.

procuratore realiter numerante et percipiente, »... etc. (R. 327, fol. 98 v°).

1369, 27 août. « Die xxvii augusti fuerunt traditi de mandato domini thesaurarii cum cedula domino Johanni Olerii priori de Rometa pro munitione librorum mittendorum ad Montempessulanum pro librariis monasterii Sancti Benedicti noviter per papam fundati, videlicet pro cathenis et firmaturis et aliis necessariis pro dictis libris in libraria affigendis, de mandato domini nostri pape, l flor. de grayl. comput. et ipso priore manualiter recipiente, de quibus habebit computare l flor. de grayl. » (R. fol. 99 v°).

1369, 5 septembre... « domino Johanni Olerii licentiato in decretis, priori prioratus de Rometa pro munitione et reparatione librorum electorum et receptorum de librariis palacii Avinionis, pro mittendo ipsos ad monasterium Sancti Benedicti Montispessulani, cathenandis et assignandis in diversis librariis ipsius monasterii, pro quibus libris reparandis idem prior habuit supra in mense julii l flor. computo et ipsis manualiter recipientibus, iterum alios l flor., de quibus c flor. predictis debet computare... » (R. 327, fol. 104).

Voici ce qui reste aujourd'hui des monuments élevés par Urbain V, d'après une communication de M. Gaudin, bibliothécaire de la ville de Montpellier. Le monastère de Saint-Germain ou collège de Saint-Benoît, ou plus tard, fort Saint-Pierre, devenu en 1535 le palais épiscopal, fut ruiné en grande partie en 1561; resté sans destination jusqu'en 1660, il redevint alors, avec force modifications intérieures et extérieures, la demeure de l'évêque jusqu'à la Révolution. Depuis lors, moyennant beaucoup d'autres changements, il sert à l'École de médecine. Il ne reste de l'ancien monastère que quelques murs très épais, des machicoulis sur le mur de façade et les traces de la partie du cloître adossée au côté de la cathédrale.

Quant à l'église Saint-Germain, aujourd'hui cathédrale Saint-Pierre, sa nef unique est bien restée telle quelle (sauf une travée

qu'avaient démolie les protestants), mais le chœur a été recons-
truit deux fois, ainsi que la voûte du curieux porche qui précède
l'entrée principale; cette entrée a été aussi refaite; un clocher
abattu à la même époque, a été récemment relevé, etc., de telle
sorte qu'il est bien difficile, sinon impossible, de reconstituer
l'état primitif du monument d'après son aspect actuel.

Le collège de Mende ou « Collegium majus » a fait place
depuis longtemps à une maison particulière dans laquelle on ne
trouve pas le moindre vestige de l'édifice ancien.

Le collège de Saint-Ruf, fondé en 1368 par le frère du pape,
a également disparu.

Malgré tant de ruines, la ville de Montpellier a gardé un sou-
venir de vénération et d'affectueuse gratitude à l'illustre pontife
avignonais : son nom sera prononcé plus d'une fois au cours des
fêtes que l'Université de l'antique « Monspessulanus » est à la
veille de célébrer.

www.ingramcontent.com/pod-product-compliance
Lightning Source LLC
Chambersburg PA
CBHW030129230526
45469CB00005B/1878